種と水で育てる

容器とペーパータオルと水、
あとは種をパラパラまけば、
土さえもいりません。
1〜2週間であっという間に
収穫できます

育て方 1

かいわれだいこん

ブロッコリースプラウト

植物の若芽（スプラウト）には、野菜が育っていくためのエネルギーが、たっぷりつまって栄養満点です。室内で、日当たりなしで、水だけで、ぐんぐん育って収穫できます。

育てる環境 ─── 20～25℃の室内で、光をさえぎって育てる。収穫直前に日光に当てる。

収穫までの日数 ─── 10～14日

必要なもの

種 　　ココット型 　　ペーパータオル
　　　　などの容器 　　など

2

種をまきます
ペーパータオルの上から水を注ぎます。水の量を調節し、種がなるべく重ならないように、パラパラとまきます。

💧**水の量** 指で押すと、水がしみ出てくるくらい。多すぎると種が流れてしまう。

1

>>> 重ねたペーパーに容器をぎゅっと押しつけて、型をとるとよい

種まきの準備をします
雑菌が繁殖しないように、容器に熱湯をかけて消毒します。ペーパータオルを5枚ほど重ねて、底の大きさに合わせて切ります。底に敷きます。

ぴりっとからい、　茎が鮮やか、
マスタード　　　　レッドキャベツ

スプラウト いろいろ
さまざまな種類のスプラウト（若芽）の種があります。どれも、ほぼ同じように育てることができます。

※「スプラウト栽培用」「無消毒の種」を使ってください（P44）。

時間がたっても サクッと軽い

- 揚げものがこんなに上手にできちゃった。
- カラッと揚がってすごくおいしい。
- 軽い食感だから、たくさん食べられそう。
- 油切れがいい!!
- お弁当にもピッタリ。
- 時間がたっても、揚げたてのサクサク感が続いてる！

日清ベジフルーツオイルなら、
時間がたってもいつも作りたてのおいしさ。

野菜と果実がくれた、はじめてのおいしさ。時間がたっても"サクッ"と軽い食感が続くのでみんながお料理上手に。しかも、どんな食材とも相性がよく毎日の料理をおいしく楽しくしてくれます。

日清ベジフルーツオイル

日清オイリオグループ株式会社　〒104-8285 東京都中央区新川一丁目23番1号　お問い合わせ先　☎ 03-3555-6812
●ホームページアドレス　http://www.nisshin-oillio.com

ISBN978-4-904544-03-7　C2377　¥286E

｛ ベターホームの読本・テキスト ｝

＜注文方法＞希望の読本タイトルを書き、切手（価格×冊数分）を同封して下記住所の「読本係」までお申し込みください。価格は消費税・送料込みです。

大切な食べものを無駄にしない読本
食品の保存法をまとめ、「もったいない」の心をキッチンから実現させます。一家に一冊！ 300円

続・大切な食べものを無駄にしない読本
余りがちな調味料をすっきり使いきり、エネルギーも無駄にしないための知恵が満載。300円

腸から若く元気になる料理読本
免疫力を高めて元気でいるために、腸はとっても大切な器官。腸を健康にする料理61品。300円

糖尿病・肥満を予防する低カロリー料理読本
日々の食生活が、予防のなによりの第一歩。カロリーをおさえておいしく食べる料理60品。300円

がんを予防する料理読本
がんは生活習慣病。毎日の食事が大切です。がん予防に効果のある食材を使った料理61品。300円

免疫力を高める料理読本
病気から体を守る免疫活性力や、抗酸化力をたっぷり含む身近な食材で作る料理65品。300円

あなたの栄養知識それ、ほんと？読本
巷にあふれる栄養情報。21項目の真偽を検証します。正しい栄養知識が身につきます。300円

食事のマナー読本
おいしく、きれいに、気持ちよく。知っているようで知らない基本マナーを確認できる一冊。300円

カルシウムたっぷり料理読本
現代人に不足しがちなカルシウム。毎日の食事から上手にとれる料理63品で、歯も骨も丈夫に。350円

コレステロールを知る料理読本
コレステロールを正しく知るための一冊。バランスのよい食生活のための献立例と料理50品。300円

かんたん手づくりみそテキスト
みそづくりはとってもかんたん！水煮大豆を使えば、家庭でらくらく30分で仕込めます。350円

かんたんパンテキスト
ポリ袋に材料を入れてもみ、袋ごと発酵。特別な道具がなくても誰もができるパンづくり。380円

今日から育てる　キッチン菜園読本

発行日／２００９年６月１日
定価／３００円（本体２８６円）
編集・発行／財団法人ベターホーム協会
〒150-8363　渋谷区渋谷1-15-12
TEL　03-3407-0471
FAX　03-3407-9006
http://www.betterhome.jp

監修／園芸家　深町貴子
　　　（グリーンショップ「GREEN LIFE TAKA」オーナー・東京農業大学短期大学部　非常勤講師）
制作・料理研究／ベターホーム協会
デザイン／新井 崇（cash g.d.）
料理写真／柿崎真子ほか

毎月第3土曜日は

家族ふれあい手巻き寿司の日！

のりが二重巻きにならない

ミニ手巻き寿司の作り方

1 海苔の大きさは19cm×21cmの長方形。短い方を半分に折って切ります（ザラザラした裏面を上にして置きます）。

2 半分に切った海苔を斜めに切ります。海苔1枚から4切とれます。

3 斜めに切る時は、対角線の頂点を合わせて。

4 切った海苔の一番大きい角度の角を下にして持ちます。

5 中央部分にご飯をのせます。

6 お好みの具をのせます。

7 （写真はツナときゅうり）

8 三角すい状に巻いて、出来上がり！

手巻き寿司キャラクター キャラクター紹介

手巻きンジャー
イクラン

手巻きンジャー
ナットン

手巻きンジャー
サーモン

手巻きンジャー
ツナマヨン

手巻きンジャー
マグロン

Webでも手巻き寿司
「手巻き寿司の日」
ホームページ

手巻き寿司の情報や楽しいブログパーツの配信、プレゼントなどがいっぱい。パソコンからアクセスしてみよう！

http://www.temakizushi.com/

全国漁連のり事業推進協議会
東京都千代田区内神田1-1-12（全漁連のり推進室内）
☎03-3294-9624

1965年12月3日 第三種郵便物認可 2009年6月1日発行 通巻第640号臨時増刊

月刊 ベターホーム 臨時増刊

今日から育てる
キッチン菜園読本

ベターホーム協会
定価300円（本体286円）

もくじ

ブロッコリースプラウトを育てる

3 育て方1 … 種と水で育てる
- 4 ブロッコリースプラウト
- 6 かいわれだいこん
- 7 スプラウトののりあえ
- 8 スプラウトのタルタル／かいわれめんたいマヨトースト

9 育て方2 … 残り野菜から育てる

キャベツの芯から再収穫

- 10 **タイム** … かぶとタイムのスープ／タイム風味のビネガー＆オイル
- 12 **バジル** … バジルバター
- 13 **ミント** … ミントホットミルク
- 14 **クレソン**
- 16 **根みつば・葉みつば** … みつばのクレープ
- 18 **長ねぎ・万能ねぎ**
- 19 **とうみょう** … とうみょうと大豆もやしのあえもの
- 20 **キャベツ**
- 21 **サラダ菜**
- 22 **にんにく** … にんにくの芽と根の素揚げ＋抹茶塩

すくすくコラム
- 11 基本は風通しのよい明るい場所で
- 15 水だけでずっと育てられないの？
- 23 観賞用に、ゆり根を育てて花を咲かせよう
- 24 だいこん・にんじん・かぶの葉を育てよう

25 育て方3 … 土に種をまいて育てる

ラディッシュを育てる

- 26 **準備** 必要なものは、ほんの少し！
- 28 ミックスレタス
- 30 チンゲンサイ
- 32 ルッコラ
- 34 ほうれんそう
- 36 しゅんぎく
- 38 ラディッシュ
- 40 レタスのベビーリーフのかまぼこオードブル／チンゲンサイのベビーリーフとフルーツのサラダ
- 41 ルッコラ＋クレソンのクリームチーズサラダ／たまねぎ＋ルッコラのサラダ
- 42 ほうれんそうのベビーリーフのカリカリベーコンサラダ／しゅんぎくの梅干しおすまし
- 43 ラディッシュ＋肉みそディップ
- 46 こんなときは？　Q&A

すくすくコラム
- 43 ベビーリーフのサラダをおいしく食べるコツ
- 44 スプラウト（若芽）で収穫する…スプラウトたらこそば

「安心」
「新鮮」
「うれしい」
「楽しい」がぎっしり

ベターホーム協会は「食べもの大切運動」を行っています。
これまで、食品の保存方法や、
無駄をなくす暮らしの知恵を紹介してきました。
今年は、食べものを大切にする暮らしの提案をさらに広げ、
初めての人が気軽に始められる野菜づくりを紹介します。
この本で作る小さな菜園には、
自分で育てた安心感と、とれたてのおいしさ、
買うよりもお得なうれしさと、
キッチンでかんたんに育てる楽しさがぎっしり。
収穫後は、もっといろいろ、
もっとたくさん育ててみたいと思うことでしょう。
食べものを育てることで、食べものの大切さを知る。
そんな野菜づくりの第一歩を、この本でぜひ踏み出してください。

栄養いっぱいのスプラウトを、
水だけで育て、ごく短期間で収穫します。
キッチンで初めて取り組むのにぴったりの気軽さです。

残った野菜や捨てる部分から、根を生やしたり葉を育てて収穫します。
今、キッチンにある、クレソン、ミント、キャベツなどから、
さっそく始められます。

種を土にまいて、ベビーリーフやラディッシュを育てます。
身近な小さな容器を鉢にして、すぐ目の届く室内に置くので、
世話をするのもらくらくです。

種と水で育てる

4 芽が出た!

>>> 白い綿毛のような根が出ます。カビではありません

1〜2日で発芽します。このまま光をさえぎって芽を育てます。

水かえ 芽が出て根がはってきたら、毎日水をとりかえる。ただし、水が多すぎると腐りやすくなるので、よぶんな水を捨て、水の量を調節する。

3 光をさえぎります

>>> 密閉にならないよう、穴をあける

暗いところに置くか、アルミホイルや新聞紙などをかぶせて、光をさえぎって育てます。

水やり 1日1回がめやす。種が流れないよう、霧吹きで湿らせる程度に。

5 ぐんぐん成長! 収穫します

【こうやって食べる】
スプラウトののりあえなど（P7・8）

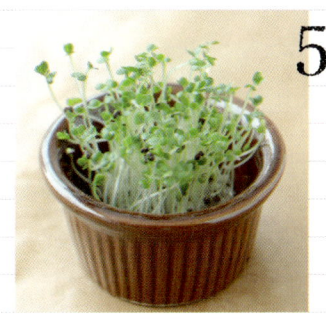

10〜14日で収穫できます。収穫の前に、日当たりのよい窓際などに数時間置きます（種類によって、数日置いたほうがよいものも）。葉が濃い緑になったら、はさみなどで根元をカットして収穫します。ペーパーには根がはっているので、新しく種をまくときは新しいペーパーを使います。

かいわれだいこん

おなじみのかいわれだいこんもかんたんに育ちます。種はたっぷり入って売られているので、次々にまいて収穫しましょう。

育てる環境 ── 20～25℃の室内で、光をさえぎって育てる。収穫直前に日光に当てる。

収穫までの日数 ── 約10日

必要なもの

種

ココット型などの容器

ペーパータオルなど

1 種をまきます

ブロッコリースプラウト（P4）と同様に、容器に熱湯をかけて消毒します。ペーパータオルを5枚ほど重ねて、底の大きさに合わせて切り、底に敷きます。ペーパータオルの上から水を注ぎます。水の量を調節し、種がなるべく重ならないように、パラパラとまきます。

水の量 指で押すと、水がしみ出てくるくらい。多すぎると種が流れてしまう。

2 芽が出た！

暗いところに置くか、アルミホイルなどをかぶせて、光をさえぎって育てます。1～2日で発芽します。

水やり 1日1回、霧吹きで種を湿らせる。根がはってきたら、毎日水をとりかえる。水が多すぎると腐りやすくなるので注意。

3 ぐんぐん成長！

約10日で収穫できます。収穫の前に、日当たりのよい窓際などに数時間置きます。

4 収穫します

葉が濃い緑になります。はさみなどで根元をカットして収穫します。

【こうやって食べる】
かいわれめんたいマヨトーストなど（P7・8）

種と水で育てる

【こうやって食べる】 P45のレシピも参考にしてください

サンドイッチから顔を出して

定番のレタスにかえて、スプラウトで。
しゃきっとした歯ざわりが◎

お弁当に、さっと！ ちょっと！

お弁当の定番、ほうれんそうののり巻きや
たまご焼きに、スプラウト。

∧
∧ さっと収穫して、ぱっと新鮮なひと品のできあがり

スプラウトののりあえ

材料（1人分）

A ┌ スプラウト（レッドキャベツ、ブロッコリー、
  │   かいわれだいこんなど）…約30g
  │ ほたて水煮缶詰…小1/2缶（30g）
  └ 焼きのり…1/4枚

B　しょうゆ・酒・ごま油…各小さじ1/2

作り方
① スプラウトは、長ければ食べやすい長さに切ります。ほたてはほぐします。のりはちぎります。Bは合わせます。
② Aを混ぜて器に盛り、Bをかけます。混ぜながら食べます。

種と水で育てる

【こうやって食べる】

∧ パンにのせて食べても。しゃきっとした食感が味わえます

スプラウトのタルタル

材料（2人分）
スプラウト（レッドキャベツ、ブロッコリー、
　かいわれだいこんなど）…約30g
ゆでたまご…1個
たまねぎ（みじん切り）…20g
A ｢ マヨネーズ…大さじ1½
　└ 塩・こしょう…各少々

作り方
① スプラウトは1cm長さに切ります。
② ボールにゆでたまごを入れ、フォークであらくつぶします。たまねぎ、スプラウトを入れ、Aを加えて混ぜます。

∧ ちょっとのせるだけで、緑のいろどりプラス

かいわれめんたいマヨトースト

材料（1人分）
かいわれだいこん…適量
食パン（6枚切り）…1枚
めんたいこ…10g
マヨネーズ…小さじ1

作り方
① めんたいこはほぐします。マヨネーズと合わせて混ぜます。
② ①を食パンに塗ります。トースターで1～2分こんがりと焼きます。
③ かいわれをのせます。

8

残り野菜から育てる

育て方 2

野菜の捨てていたところ、
余らせがちなハーブなどから、
葉や根を育てて再収穫します。
ちょっとあると重宝する野菜を、
気軽に育ててみましょう

根みつば

タイム

ハーブの中でも育てやすいタイム。残った枝から根を育てましょう。冷蔵庫でしなびてしまったものからも、いきいきとした根が生えます。

育てる環境 ── 窓辺などの、風通しのよい明るい場所で。寒さに強い。

発根までの日数 ── 約10日

必要なもの

<<< パックにたっぷり入っているので残りがち

残ったタイムの枝

【こうやって食べる】

>>> タイムの香りがドレッシングやパスタソースにぴったり

>> ほんの少しで風味がプラスされます

タイム風味のビネガー&オイル

酢（りんご酢などでも）と油（オリーブ油、グレープシード油などでも）をそれぞれ容器に入れ、タイムを入れます。2～3週間で香りが移ったら、タイムをとり出します。

かぶとタイムのスープ

材料と作り方（2人分）
① かぶ2個は1cm厚さのくし形に切ります。たまねぎ1/4個は薄切りにします。ベーコン1枚は1cm幅に切ります。
② 鍋にバター5gを溶かし、①をいためます。
③ 水300mℓ、スープの素1/2個、タイム1枝を加え、弱火でかぶがやわらかくなるまで煮ます。塩・こしょうで味をととのえます。

残り野菜から育てる（ハーブ）

1 水にさします

1枝はだいたい10〜15cmの長さです。

- 器：遮光したほうが発根しやすいので、マグカップがおすすめ。
- 水の量：5〜6cm深さ。葉が水につかると腐りやすいので、あらかじめなるべく下の葉を除くとよい。
- 水かえ：1日1回。

>>> 水にさしておくだけでいつの間にか根が出てくる

2 根が出た！

水にさしておくと、10日ほどで根が出ます。このままでも新しい葉がのびるので、摘みとりながら、しばらく収穫できます。

3 土に植えよう

土に植えて（P26）しばらくして葉が増えてきたら、少しずつ枝を摘みとって収穫します。

- 水やり：多湿がにが手。土が乾いてから、たっぷりと水をやります。

基本は風通しのよい明るい場所で

育て方2の野菜はどれも「室内の窓辺などの、風通しのよい明るい場所」に置くのが基本です。風通しがよいと、病気にかかりにくくなります。時々ベランダに出して風に当てるのもよいでしょう。また、野菜のようすをよく観察して、野菜が「気持ちよさそう」な環境を探しましょう。それぞれのページの「育てる環境」はめやすです。いろいろな環境に強い野菜もあれば、夏の直射日光や、朝夕の温度差が激しい窓際などが、成長に合わない野菜もあります。ようすをよく見て、元気がないなと思ったら、置く場所をかえてみましょう。

バジル

ハーブの王様といわれるバジル。残ったバジルを水にさしておくと、根がたくさん生えてきます。さわやかな香りですくすく育ち、土に植えるとどんどん葉がのびます。

育てる環境	窓辺などの、風通しのよい明るい場所で。寒さに弱い。
発根までの日数	約7日

必要なもの

<<< 下のほうの葉はあらかじめはさみで除いておく

残ったバジルの枝

1 水にさします

- 器：ここでは空きびんを使いましたが、遮光したほうが発根しやすいので、マグカップなどがおすすめ。
- 水の量：葉が水につかると黒くなって腐るので、つからない程度に。
- 水かえ：1日1回。

>>> 白い長い根が、わーっとのびる

2 根が出た！

約7日で根が出ます。しばらくそのまま育て、根がたくさん出たら、土に植えます（P26）。葉が増えてきたら、大きな葉を少しずつ摘んで収穫します。

水やり：乾燥がにが手。乾いたらたっぷりと。

>>> トーストやサンドイッチ、肉や魚のソテーに

バジルバター

材料と作り方
① バター50gは、室温でやわらかくしておきます。
② バジルの葉2枚は包丁で細かくきざみます。
③ ①に②を加え、よく混ぜます。冷蔵庫で3日ほど保存できます。

［こうやって食べる］

残り野菜から育てる（ハーブ）

ミント

飾ってよし、味わってよしのミント。残った枝から根を生やして育てれば、欲しいときに、さっと使えて便利です。とてもじょうぶなので、初めてでも育てやすい。

育てる環境 —— 窓辺などの、風通しのよい明るい場所で。寒さに強い。夏の直射日光は避ける。

発根までの日数 —— 約3日

必要なもの

<< ペパーミント、スペアミントなど

残ったミントの枝

1 水にさします

できるだけ茎の長いものを選びますが、写真のように短い茎のものでもできます。

水の量 茎の先が1cmほどつかる程度。葉が水につかると腐るので、あらかじめ下の葉は除く。

水かえ 水をよく吸うので、こまめにようすを見て、きらさないように注意。

2 根が出た！

>>> すぐに根が出る。水をきらさないように

約3日で根が出ます。しばらくそのまま育て、根がたくさん出たら、土に植えます（P26）。葉が増えてきたら、少しずつ摘んで収穫します。

水やり 乾燥がにが手。乾いたらたっぷりと。

ミントホットミルク

>>> さわやかなドリンク

材料と作り方（1人分）
① 牛乳180mlと好みの量のミントの葉をカップに入れ、温めた牛乳を注ぎます。
② 好みで砂糖を加え、飾りのミント少々をのせます。

【こうやって食べる】

クレソン

みずみずしさいっぱいのクレソン。残ったひと枝からたくさんの根が出て、いきいきと育ちます。買ってきたものより味はマイルド。葉はやわらかく小さく、緑が鮮やかです。

育てる環境	直射日光を避けて、窓辺などの風通しのよい明るい場所で。
発根までの日数	約3日
必要なもの	

残ったクレソンの枝

1 下のほうの葉を除きます

なるべく太い、8〜10㎝の枝を使います。芽先でも、根に近い部分でもOK。水につかる部分の葉を除きます。

 葉が水につかると、葉と水が腐りやすくなる。茎を傷つけないよう、はさみで除く。

>>> 水にさして2日ほどは、ぐったり。やがて水を吸って葉がぴんとしてくる

2 水にさします

 ここでは空きびんを使いましたが、遮光したほうが発根しやすいので、マグカップなどがおすすめ。

 きれいな水を好むので、1日1回かえる。

<<< 買ってきたものよりも葉がこぶりで、丸みがあります

【こうやって食べる】
料理のつけ合わせ、青みに

残り野菜から育てる

土に植えてみよう
土に植えます（P26）。葉が増えてきたら、少しずつ摘んで収穫します。

根が出て葉が育ってきた！
約3日で根が出ます。次々に新しい葉がのびます。摘みとりながら、しばらく収穫できます。

2〜3日に1度、たっぷり。もともと水辺に育つ植物なので、乾燥に弱い。

小さな枝を残して収穫すると、次々に育って収穫できます。

根元に新芽が育ってきています。

すくすくコラム

Q. 水だけでずっと育てられないの？
A. 根が増えると水が腐りやすくなり、呼吸しにくくなります

　植物の根がもっとも求めているもの。それは、呼吸するための酸素です。水にさして根が出たあと、ある程度までは育ちますが、根がたくさんはってくると、容器の中の限られた水の中では、カビや雑菌が繁殖しやすくなります。その結果、根に必要な酸素がたりず、うまく育たなくなります。

　たとえばクレソンも、ずっと水だけで育てていると、だんだん茎や根が腐ってきます。茎や根が腐ると、ますます水質が悪くなってしまいます。土に植えるのがひと手間な場合は、水だけである程度育てて、食べきってしまうのもいいでしょう。

　土の中には空気の層があるので、根は呼吸ができ、安定して育つ環境ができます。しかし、土に植えたあとでも、水を与えすぎると「根ぐされ」の状態になり、根が呼吸できずに死んでしまうこともあります。水は植物の成長に欠かせないものです。与え方に、ちょっと気をつけてみましょう。

根みつば・葉みつば

いつもは捨てている根みつばの根、葉みつばのスポンジから、再収穫します。植物のエネルギーに圧倒されるほどよく育ちます。

育てる環境 ── 窓辺などの、風通しのよい明るい場所で。

収穫までの日数 ── 約10日

必要なもの

 <<< いつもなら捨てるココ。葉みつばは茎を3cmほど残す >>>

根みつばの根　　　　　　　　葉みつばのスポンジ

根みつば

1　根を水にさします

器： ここではグラスを使いましたが、遮光したほうがよく発根するので、マグカップなどもおすすめ。

水の量： 根の全体がつかる程度。

水かえ： 水をたっぷり吸うので、きらさないように注意。

[こうやって食べる]
みつばのクレープ（P17）

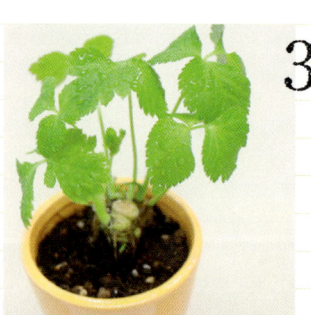

3　土に植えてみよう

土に植えると長く収穫できます（P26）。

水やり： 乾燥に弱いので、乾いたらたっぷりと。

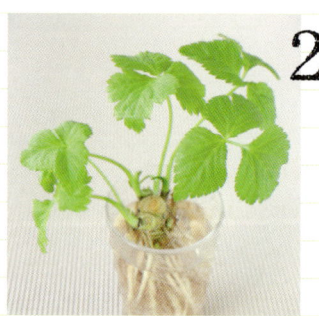

2　葉が出た！

10日ほどで葉が出ます。
このままでも次々に新しい葉がのびるので、摘みとりながら、しばらく収穫できます。

残り野菜から育てる

葉みつば

1 水につけます
スポンジを器に入れ、スポンジがつかる程度の水を入れます。かなり水を吸うので、水をきらさないように注意。

2 葉が出た!
1つのスポンジから2〜3枚の葉を再収穫できます。

3 土に植えてみよう
スポンジごと土に植えます（P26）。長く収穫できます。

【こうやって食べる】

みつばのクレープ

みつばの葉の形をいかして、ひとくふう。おもてなしにも使えます

材料（2〜3人分）
みつばの葉…10〜12枚
＜クレープ＞
小麦粉…80g
卵…1個　水…100㎖　塩…少々
＜具＞
きゅうり、にんじん、蒸しどりなど好みのもの
（それぞれ細切りにする）
＜たれ＞
A
├ テンメンジャン…大さじ1
└ ねりごま・酒…各小さじ1
B
├ 酢…小さじ1　しょうゆ…小さじ1½
└ ねぎ（みじん切り）…3㎝　すりごま…小さじ1

作り方
① クレープの材料を合わせ、万能こし器などでこします。ラップをして約30分おきます。
② フライパンに油少々（材料外）を薄く敷き、温めます。
③ ①の生地を直径12㎝程度に薄く丸く広げ、みつばの葉をのせます。表面が乾いてきたら裏返し、さっと焼いて、ざるに広げて冷まします。残りの生地も同様に焼きます。
④ AとBの材料をそれぞれ合わせて、2種のたれを作ります。
⑤ クレープに好みの具をのせ、たれをつけて食べます。

長ねぎ・万能ねぎ

長ねぎも万能ねぎも、根から数cmのところで切って水にさしておくだけ。青い部分がぐんぐんのびて収穫できます。

| 育てる環境 | —— | 窓辺などの、風通しのよい明るい場所で。 |

| 収穫までの日数 | —— | 約7日 |

必要なもの

<<< いつもなら捨てるココを少し長めに >>>

長ねぎの根元　5cmくらい

万能ねぎの根元　3〜4cm

長ねぎ

1　水にさします

 水の量　根元5mmくらいがつかる程度。多すぎると腐りやすくなる。

 水かえ　できるだけ1日1回。

2　緑の部分がのびてくる！

すぐに緑の部分がのびてきます。根元の白い部分を残して収穫すると、再び緑の部分がのびて、何度か葉ねぎとして収穫できます。土に植えるとさらに長く収穫できます（P26）。

万能ねぎ

1

2　長ねぎと同じように育てます。

3　土に植えると長く収穫できます（P26）。

 【こうやって食べる】
青みに。薬味に。

18

残り野菜から育てる

とうみょう

とうみょうは、グリーンピースの若芽。カロテンが豊富です。いつもは捨てている、とうみょうの根の部分を水で育てると、たっぷり再収穫できます。

育てる環境 ———— 窓辺などの、風通しのよい明るい場所で。

収穫までの日数 ———— 約14日

必要なもの <<< いつもなら捨てるココ

とうみょうの根

2 芽が育った！

>>> 今まで捨てていたなんて、もったいない

14日ほどで再収穫できます。収穫後、同じようにしてあと1回収穫できます。

1 根を水につけます

 水の量　根がつかる程度。豆が水につかると腐るので、つからないように。

 水かえ　1日1回。水をよく吸うので、きらさないように注意。

 【こうやって食べる】

とうみょうと大豆もやしのあえもの

材料（2人分）
とうみょう…60g　大豆もやし…100g
中華ドレッシング（市販）…適量

作り方
① もやしは、塩小さじ1/2（材料外）を加えた湯400mlで約5分ゆでます。水気をきり、熱いうちにドレッシングであえます。
② とうみょうを熱湯でさっとゆで、水にとります。水気をきり、4〜5cm長さに切ります。①とあえます。

キャベツ

キャベツは、芯を切りとって保存すると、長もちします。その切りとった芯、捨てていませんか？芯を育てて葉を収穫できます！

育てる環境	窓辺などの、風通しのよい明るい場所で。
収穫までの日数	3週間〜

必要なもの

<<< いつもなら捨てるか、気にもとめないココ

キャベツの芯

1 芯を切りとります

½カットや¼カットのキャベツでもできます。斜めに包丁を入れ、切りとります。

? 保存は 芯を除いたキャベツは、新聞紙などに包み、さらにポリ袋に入れて野菜室で保存。

2 芯を水につけます

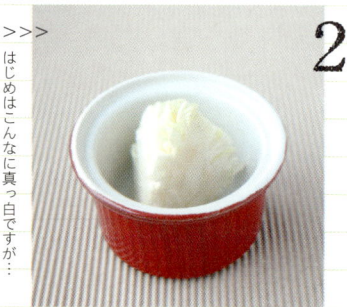

>>> はじめはこんなに真っ白ですが…

数日して、芯の底が茶色くなってきてもだいじょうぶ。ぬるぬるするときは芯の底と器を、水でさっとこすり洗いします。

水の量 多すぎると腐りやすい。底の部分5mmほどが、常に水につかる程度。

【こうやって食べる】
スープの青みなどに

残り野菜から育てる

4 土に植えてみよう

土に植えるとより長く収穫できます（P26）。

 水やり　乾いたらたっぷりと。

3 葉っぱが育ってきます

2週間ほどで葉が育ちます。キャベツの外葉のような線の入った、緑の濃い葉です。大きく育った葉から、はさみなどで収穫します。小さな葉を残しておくと、次々に育ちます。

サラダ菜

サラダ菜の中心の部分を、キャベツと同じように育てます。コツは、中心にある小さな若葉を残しておくこと。

育てる環境	直射日光は避けて窓辺などの、風通しのよい明るい場所で。
収穫までの日数	3週間〜
必要なもの	サラダ菜の中心

【こうやって食べる】スープの青みなどに

3 土に植えてみよう

緑が濃く、より長く収穫できます（P26）。

2 葉が育ちます

2〜3週間で葉が広がってきます。大きく育った葉を収穫します。

1 水につけます

底の部分が常に水につかるようにします。水が多すぎると腐りやすくなります。

にんにく

芽が出てしまったにんにく。そのままでも使えますが、風味が落ちています。ぜひ、出てしまった芽を育てましょう。長く育った芽も、根も、まるごとおいしく食べられます。

育てる環境	窓辺などの、風通しのよい明るい場所で。暑さ・寒さに強い。
収穫までの日数	約7日
必要なもの	

<<< 出てしまった芽をいかす！

芽が出たにんにく

2 芽が育った！

数日でぐんぐん芽がのびます（最初の芽の出方によって育ち方が違います）。15cmくらいになったら、土から根ごと引き抜いて収穫します。

1 皮をむいて、土に埋めます

芽が出ていないにんにくでもできますが、発芽まで時間がかかります >>>

にんにくの皮をむき（傷がつかないように注意）、芽が出ているほうが上になるように、土に埋めます（P26）。

 ここでは、直径約9cmの、おそうざいのパックの底に穴をあけ、2つ植えました。

水やり 植えたらすぐにたっぷりやり、その後は、土が乾いてからさらに2日くらいしてから、たっぷりと。

3 根も、こんなふうに育っています

>>> 根も芽も、にんにくのにおいが！

引き抜くと、根がびっしりと育っています。この根も食べられます。9月ごろ、大きな鉢に同じように植えて育てると、翌年の6月にはまるごとのにんにくが収穫できます。

【こうやって食べる】
にんにくの芽と根の素揚げ（P23）

残り野菜から育てる

【こうやって食べる】

にんにくの芽と根の素揚げ＋抹茶塩

材料(2人分)
芽を育てたにんにく(芽と根も)…4個
揚げ油…適量
A ┌ 塩…小さじ½
　└ 抹茶…小さじ½

作り方
① にんにくは、根と芽を切り、それぞれよく洗います。水気をよくふきとります。
② 鍋に油を熱し、低温(150〜160℃)でゆっくり揚げます。根はこげやすいので注意します。芽は鮮やかな緑色になったらとり出します。にんにくは、薄く色づいたらとり出します。油をきります。
③ Aを合わせて、抹茶塩を作ります。②につけて食べます。

すくすくコラム

観賞用に、ゆり根を育てて花を咲かせよう

ゆり根は冷蔵でかなりもちますが、残ってしまったら、観賞用にぜひ育てて。

ゆり根を皿にセット
ゆり根についた、おがくずなどは軽くはらっておきます。水をはった皿などに入れ、室内の明るい場所に置きます。

ぐんぐんのびます
3〜4週間でぐんぐん茎がのびます。高くなるとバランスが悪くなるので、倒れないように気をつけましょう。

土に植えました
土に植えます(P26)。水は乾燥したらたっぷりと。写真は2つに割って植えたもの。

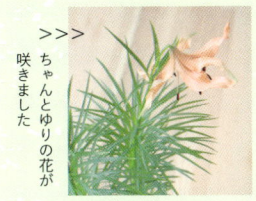
花が咲いた！
>>> ちゃんとゆりの花が咲きました
1つにつぼみがつき、咲きました！

残り野菜から育てる

すくすくコラム

だいこん・にんじん・かぶの葉を育てよう

だいこんやかぶを、葉まで食べるのはもちろんですが、もう1歩進んで、葉を育てて再収穫しましょう。すくすく育って、植物のエネルギーに圧倒されます。

根元を1.5cmくらい残して切ります。切った面がひたっている程度の水を皿にはります。（手前からかぶ・にんじん・だいこん）

だいこんやかぶは、まわりの古い葉が落ちて、まん中から新しい葉が育ちます。収穫が遅れると花が咲きますが、この花も菜の花として食べられます。にんじんは、線香花火のようなかわいい葉。根元の部分がしぼむまで、何度か収穫できます。

こんなふうに使いみち いろいろ

<<< 買ってきた蒸しパンに、にんじんの葉をのせるだけで、ひとくふう！あるとないとでは大違い。

スープに青みとしてのせて >>>

かぶの葉ととうふのすまし汁
具にとうふ、えのきだけ、かぶの葉を入れたすまし汁。だいこんの葉でも。

土に種をまいて育てる

身近にある小さな容器に種をまき、室内で新鮮野菜を育てましょう。葉もの類は、やわらかいベビーリーフ（若葉）で収穫するので、とても気軽です

育て方 3

ミックスレタス

必要なものは、ほんの少し！

〔容器〕

- どの野菜も、両手のひらにのるくらいの、小さな容器で育てます。

- それぞれのページで、容器の例を示しています。土の量が少なすぎると育ちにくくなるので、例を参考にして容器を選んでください。

- 竹ぐしなどで、容器の底や横に、水が抜ける穴を何か所かあけておきます。

<<< 通気もよくなります

〔種と土〕

- 園芸店やホームセンターなどで買えます。

- 種によっては、春まき用、秋まき用などがあるので、だいたいの時期に合った種を選びます。

- 土は、「元肥入り培養土」がおすすめです。「種まき用土」「圧縮されたピートモスの土」を使う場合は、育てる途中で肥料を与えましょう。

〔水受け〕

容器の底にあけた穴から水が出るので、使わない皿や、容器のふた、穴をあけていない少し大きめの容器などを水受けにしましょう。容器の底がぺたっと水受けについていると、底の穴をふさいでしまい、水はけが悪くなります。割り箸などを置き、高さを出した上に容器を置きます。通気もよくなります。

〔霧吹き〕

室内での水やりには霧吹きが便利。種が流れたり芽が倒れたりしません。

〔スプーン〕

土をすくったり、たしたりするときに使います。

P46の「こんなときは？ Q&A」も参考にしてください

土に種をまいて育てる

室内で気軽に育てられます

室内の風通しと日当たりのよい場所で育てます。特に、午前中によく日が当たる場所を探しましょう。風通しがよいと、病気にかかりにくくなります。それぞれのページの「育てる環境」を参考にして、気温が低すぎる場合は窓際から離して置いたり、夏にはカーテンを調節して直射日光を避けたりしましょう。野菜のようすをよく見て、元気がないなと思ったら、置く場所を見直したり、水がたりているかどうか確認してください。

容器が小さいからうれしい！

［すぐに始められる！］

ヨーグルトの容器やおそうざいのパック、いちごやきのこが入っていたパック、みそ汁のカップ、ミニトマトの容器など、身近なものですぐにスタート。

［移動がらく！］

重い鉢を移動させるのは大変ですが、これなら、さっと持って、ぱっと移動できます。野菜が育つのに適した温度や日当たりに合わせて育てやすい。

［目の届く範囲で］

水やりもらくらく。室内で育てるので、成長のようすを日々楽しめます。小さなスペースにたっぷりの愛情を注いで、初めての収穫の喜びを味わいましょう。

＜＜＜ これはきのこのパック

容器が小さいからこうして育てる！

［土が乾きやすい］

土の量が少ないので、水分が蒸発しやすくなります。発芽までは新聞紙などで覆いをして、湿度を保ちましょう。

［いろいろな形を楽しむ］

発芽まで・収穫までの日数はめやすです。育てる環境によって、いろいろな形のできあがりになることも。どんな形になっても、育てた人の愛情がたっぷりつまった野菜たち。楽しくおいしく召し上がれ。

ミックスレタス

複数のレタスの種が入っているので、葉の色のちがいや形も楽しめます。新鮮でやわらかい葉を育ててみましょう。

育てる環境 ── 発芽は20℃。
　　　　　　　生育温度は15〜20℃。
　　　　　　　弱い光を好む。夏の直射日光は
　　　　　　　避け、室内の明るく
　　　　　　　風通しのよい窓辺などで。

発芽までの日数 ── 約3日

収穫開始まで ── 約40日

種　　　容器　

何種類かのレタスの種のミックス。　　ミニトマトの容器
1種類のレタスの種でももちろんOK　　12㎝×12㎝　深さ約4㎝

種をばらまきます

なるべく重ならないようにして、土に種をばらまきます。レタスの種は、発芽に光が必要です。種が隠れる程度の土を、手でパラパラと薄くかけます。

>>> 欲張って種をまきすぎないように

土をならします

穴をあけた容器（P26）に土を入れます。手で軽く押さえ、平らにならします。

 土の量　種をまいたあと、さらに少量の土を加えるので、ふちから1.5㎝くらい下まで。

土に種をまいて育てる

3 水をやります

土を軽く押さえてなじませ、霧吹きで水をたっぷり与えます。乾燥しないように、容器のふた（密閉しないように穴をあける。レタスは発芽に光が必要なので透明なものがよい）などで覆います。

トマトの容器ならふたがあって便利。

 発芽までは、土を乾かさないように。

4 芽が出た！

約3日で発芽します。発芽したら覆いをとり、明るい場所に置きます。弱々しい芽は抜くか、はさみでカット。この芽もスプラウト（若芽）として食べられます（P45）。

芽を抜いたあとは、土を指で押さえておくのを忘れずに。

 乾燥に弱いので、常に土が湿っている状態に。

5 本葉が育ちます

双葉のまん中から本葉が出てきます。どんどん育ちます。

6 大きな葉から収穫します

葉が6～7cmになったものから収穫しましょう。外側の大きな葉から摘み、中心の小さな葉を残しておくと、次々に葉が育って長く収穫できます。

\>\>\> 収穫は、はさみで大きな葉を切ったり、株ごと切ったり抜いても

【こうやって食べる】
レタスのベビーリーフのかまぼこオードブル（P40）

チンゲンサイ

みずみずしい緑の葉をいっぱいに広げてすくすく育ちます。しゃきしゃきとした茎の歯ざわりと、ふんわりとした葉のやわらかさを、ぜひサラダで楽しんで。

育てる環境 ── 発芽は20〜25℃。
　　　　　　　生育は15〜20℃。
　　　　　　　夏の直射日光は避け、
　　　　　　　室内の明るく
　　　　　　　風通しのよい窓辺などで。

発芽までの日数 ── 約7日

収穫開始まで ── 約40日

種　　容器　

とても小さな　　　　おそうざいの容器
まん丸の種です　　　12cm×12cm 深さ約8cm

2. 穴を作って、種をまきます

ペットボトルのふたなどを土に押しつけ、約5mm深さの穴を作ります。1つの穴に、種が重ならないように5粒ずつまきます（P34のように溝にまく方法でもできます）。

1. 土をならします

穴をあけた容器（P26）に土を入れます。手で軽く押さえ、平らにならします。

 ふちから1cmくらい下まで。あまり上まで入れると水やりのときに水があふれてしまう。

土に種をまいて育てる

3 土をかけ、水をやります

穴のまわりの土をつまんで種にかけます。土を軽く押さえてなじませ、霧吹きで水をたっぷり与えます。乾燥しないように、容器のふた（密閉しないように穴をあける）や新聞紙などで覆います。

 発芽までは、土を乾かさないように。

4 芽が出た！

約7日で発芽します。覆いをとり、明るい場所に置きます。弱々しい芽は抜くか、はさみでカット。この芽もスプラウト（若芽）として食べられます（P45）。

芽を抜いたあとは、土を指で押さえておくのを忘れずに。

 発芽後は、乾いたらたっぷり。

5 本葉が育ちます

>>> 光に向かってバンザイをするように育ちます

ハート型の双葉がぐんぐん大きくなります。やがて双葉のまん中から、本葉が出てきます。どんどん育ちます。

6 大きな葉から収穫します

>>> 形がかわいらしいので、株ごと収穫するのもおすすめ

葉が5〜6cmになったものから収穫しましょう。外側の大きな葉から摘み、中心の小さな葉を残しておくと、次々に葉が育って長く収穫できます。

【こうやって食べる】
チンゲンサイのベビーリーフとフルーツのサラダ（P40）

> あるとうれしいハーブのひとつ。
> パンにはさんで、サラダに入れて。
> ちょっとつまんだだけでも、
> ごまのようないい香りがぱっと広がります。

ルッコラ

育てる環境	発芽は18〜23℃、生育は15〜20℃で。夏の直射日光は避け、室内の明るく風通しのよい窓辺などで。
発芽までの日数	約5日
収穫開始まで	約30日

種
ややだ円形の小さな種です

容器
ヨーグルトの容器
10㎝×6㎝ 深さ約10㎝

1 土をならします
穴をあけた容器（P26）に土を入れます。手で軽く押さえ、平らにならします。

 土の量　ふちから1㎝くらい下まで。あまり上まで入れると水やりのときに水があふれてしまう。

2 溝を作って、種をまきます
約1㎝深さの溝を作ります（写真のように割り箸を使うとやりやすい）。種が重ならないよう、1㎝間隔で1粒ずつまきます。溝と溝の間も1㎝あけます。

 種が重なると発芽しにくくなります。

土に種をまいて育てる

3 土をかけ、水をやります

溝のまわりの土をつまんで種にかけます。土を軽く押さえてなじませ、霧吹きで水をたっぷり与えます。乾燥しないように、容器のふた（密閉しないように穴をあける）や新聞紙などで覆います。

水やり 発芽までは、土を乾かさないように。

4 芽が出た！

>>> スプラウトでも、ピリっとしたルッコラの味がしっかりします

約5日で発芽します。覆いをとり、明るい場所に置きます。弱々しい芽は抜くか、はさみでカット。この芽もスプラウト（若芽）として食べられます（P45）。

水やり 発芽後は、乾いたらたっぷり。

5 本葉が育ちます

>>> 本葉が出てくると、ルッコラらしい姿になります

双葉のまん中から、本葉が出てきます。どんどん育ちます。

6 大きな葉から収穫します

葉が5〜6cmになったものから収穫しましょう。外側の大きな葉から摘み、中心の小さな葉を残しておくと、次々に葉が育って長く収穫できます。

ほとんどの大きな葉を収穫し、小さな葉を残して、引き続き育てたもの。再び葉が育ってきました。

【こうやって食べる】
ルッコラのサラダなど（P41）

ほうれんそう

すんなりした双葉から、濃い緑のふっくらとした葉が育ちます。ベビーリーフ（若葉）で収穫するのでくせがなく、ちょっと青いものをプラスしたいときにも活躍します。

育てる環境	発芽・生育温度15〜20℃。弱い光でも育つ。夏の直射日光は避け、室内の明るく風通しのよい窓辺などで。
発芽までの日数	約7日
収穫開始まで	約40日

種
わりと大きめの種でまきやすい

容器
パウンドケーキ用のアルミケース
18cm×8cm 深さ約5cm

1　土をならします

穴をあけた容器（P26）に土を入れます。手で軽く押さえ、平らにならします。

土の量　ふちから1cmくらい下まで。あまり上まで入れると水やりのときに水があふれてしまう。

2　溝を作って、種をまきます

5〜8mm深さの溝を作ります（割り箸などを使うとやりやすい。P32参照）。種が重ならないよう、1cm間隔で1粒ずつまきます。溝と溝の間も1cmあけます。

>>> 種がかたいので、P47の方法で吸水させてからまくのがおすすめ

なぜ？　種が重なると発芽しにくくなります。

34

土に種をまいて育てる

4 芽が出た！

> ほうれんそうの芽は、しゅっとスマート

約7日で発芽します。覆いをとり、明るい場所に置きます。弱々しい芽は抜くか、はさみでカット。この芽もスプラウト（若芽）として食べられます（P45）。

水やり 発芽後は、乾いたらたっぷり。

3 土をかけ、水をやります

溝のまわりの土をつまんで、種に薄くかけます。土を軽く押さえてなじませ、霧吹きで水をたっぷり与えます。乾燥しないように、容器のふた（密閉しないように穴をあける）や新聞紙などで覆います。

水やり 発芽までは、土を乾かさないように。

6 大きな葉から収穫します

葉が3〜4cmになったものから収穫しましょう。外側の大きな葉から摘み、中心の小さな葉を残しておくと、次々に葉が育って長く収穫できます。

5 本葉が育ちます

> 本葉は丸みがあります。濃い緑の葉が次々に顔を出します

双葉のまん中から、本葉が出てきます。どんどん育ちます。

【こうやって食べる】
ほうれんそうのベビーリーフのカリカリベーコンサラダ（P42）

しゅんぎく

やわらかいベビーリーフ（若葉）で収穫するのでサラダにもぴったりです。小さくても、しゅんぎくの味がしっかり味わえます。

育てる環境	発芽は18〜23℃、生育は15〜20℃で。夏の直射日光は避け、室内の明るく風通しのよい窓辺などで。
発芽までの日数	約7日
収穫開始まで	約40日

種 角張った形の種です

容器 お弁当の容器 15cm×10cm 深さ約5cm

1 土をならします

穴をあけた容器（P26）に土を入れます。手で軽く押さえ、平らにならします。

土の量 ふちから1cmくらい下まで。あまり上まで入れると水やりのときに水があふれてしまう。

2 溝を作って、種をまきます

約1cm深さの溝を作ります（写真のように割り箸を使うとやりやすい）。種が重ならないよう、1cm間隔で1粒ずつまきます。溝と溝の間も1cmあけます。

>>> 1粒ずつまくのはちょっとたいへん。でもがんばって！

なぜ？ 種が重なると発芽しにくくなります。

土に種をまいて育てる

3 薄く土をかけ、水をやります

しゅんぎくの種は、発芽に光が必要です。溝のまわりの土をつまんで、薄くかけます。土を軽く押さえてなじませ、霧吹きで水をたっぷり与えます。乾燥しないように、容器のふた（密閉しないように穴をあける。しゅんぎくは発芽に光が必要なので透明なものがよい）などで覆います。

💧**水やり** 発芽までは、土を乾かさないように。

4 芽が出た！

約7日で発芽します。覆いをとり、明るい場所に置きます。弱々しい芽は抜くか、はさみでカット。この芽もスプラウト（若芽）として食べられます（P45）。

💧**水やり** 発芽後は、乾いたら水やり。

5 本葉が育ちます

>>> 小さくても、しっかりぎざぎざ

双葉のまん中から、本葉が出てきます。しゅんぎくらしい形の葉です。どんどん育ちます。

【こうやって食べる】
しゅんぎくの梅干しおすまし（P42）

6 大きな葉から収穫します

>>> だんだん葉がかたくなるので、やわらかいうちにどうぞ

葉が3〜4cmになったものから収穫しましょう。収穫は、はさみで葉を切ったり、株ごと切ったり抜いてもOK。

茎の先端の葉 —— しゅんぎくは茎の先端を摘むと、わき芽がのびます。茎と、大きな葉を残すと新しい芽が育って長く収穫できます。

ラディッシュ

小さくても元気な色とピリッとした味がきいています。丸かったり長細かったり、いろいろな形でできあがり。小さな容器に並んでぷっくりふくらんでくる姿が楽しい。

育てる環境	発芽は15〜30℃、生育は17〜20℃。日当たりがよく、風通しのよい窓辺などで。
発芽までの日数	約7日
収穫開始まで	約30日

種
こんな小さな種からスタート

容器
保存容器
10cm×16cm 深さ8cm

1 土をならします

穴をあけた容器（P26）に土を入れます。手で軽く押さえ、平らにならします。

🔺 **土の量** ふちから1cmくらい下まで。あまり上まで入れると水やりのときに水があふれてしまう。

2 種をまきます

約1cm深さの溝を作ります（割り箸を使うとやりやすい。P32参照）。種が重ならないよう、1cm間隔で1粒ずつまきます。溝と溝の間も1cmあけます。

❓ **なぜ？** 種が重なると発芽しにくくなります。

3 土をかけ、水をやります

溝のまわりの土をつまんで種にかけます。土を軽く押さえてなじませ、霧吹きで水をたっぷり与えます。乾燥しないように、容器のふた（密閉しないように穴をあける）や新聞紙などで覆います。

💧 **水やり** 発芽までは、土を乾かさないように。

38

土に種をまいて育てる

5 まびきをします

双葉が育って、となりの葉と重なってきたら、早めにまびきます。弱々しい芽や、ひょろひょろと長くのびた芽を選び、全体のバランスも考えて、引き抜くか、はさみでカットします。この芽も、スプラウト(新芽)として食べられます(P45)。

スプラウトでも、ピリッとしたラディッシュの味がします。

芽を抜くと土が減るので、必ず土をたして根元に土を寄せておきます。

4 芽が出た!

>>> 赤い茎が見えます

約7日で発芽します。覆いをとり、日当たりのよい場所に置いてたっぷり日光に当てます。力強く大きな双葉が開きます。

水やり 発芽後は、乾いたら水やり。

【こうやって食べる】
ラディッシュ＋肉みそディップ（P43）

7 収穫します

品種によって収穫の大きさが違いますが、直径1.5〜2cmがめやすです。

どんな形も育てた人の味。かわいくて食べるのが惜しいくらい。

6 本葉が育ち、根がふくらみます

双葉のまん中から、本葉が出てきます。やがて、赤い茎の部分がだんだんふくらみます。

ひょろりとした赤い茎だった部分は、ふくらみ始めると、何度も表面が裂けたり割れたり(写真)をくり返して大きくなります。その時期は、あせらず、時間をかけてゆっくり育てましょう。

【こうやって食べる】

レタス のベビーリーフの かまぼこオードブル

間にはさむものはお好みで。
レタスのシャキッとした歯ごたえが◎

材料（10個分）
かまぼこ…1本
レタスのベビーリーフ…適量
A ┌ クリームチーズ…20g
　└ パセリ（みじん切り）…少々　ラディッシュ…1/2個
B ┌ とりささみ…1/2本
　└ マヨネーズ…大さじ1/2　梅干し…少々

作り方
① かまぼこは8mm厚さに切り、真ん中に切りこみを入れます。
② クリームチーズにパセリを加えて混ぜます。ラディッシュはせん切りにします。ささみは酒と塩各少々（材料外）をふり、電子レンジで1分30秒（500W）加熱します（ラップあり）。細かくさき、マヨネーズを混ぜます。梅干しは種をとり、ほぐして5等分します。
③ かまぼこにベビーリーフをはさみ、AとBの具をそれぞれ5個ずつはさみます。Bの梅干しは上にのせます。

チンゲンサイ のベビーリーフと フルーツのサラダ

株ごと収穫したら形をいかした盛りつけに。
葉を摘んで収穫したら、くだものと混ぜてしまっても

材料（2人分）
チンゲンサイのベビーリーフ…適量
いちご、キウイなど好みのくだもの…適量
A ┌ プレーンヨーグルト（またはケフィア）
　│　　…大さじ3
　├ はちみつ…小さじ1
　└ 塩・こしょう…各少々
サラダ油…大さじ1

作り方
① くだものは食べやすい大きさに切ります。
② Aを合わせてよく混ぜます。サラダ油を少しずつ加え、よく混ぜて、ドレッシングを作ります。
③ 器に①を盛りつけ、②のドレッシングをかけます。

40

土に種をまいて育てる

【こうやって食べる】

ルッコラ ＋ クレソンの
クリームチーズサラダ

材料（2人分）
レタス…50g
ルッコラのベビーリーフ…適量
クレソン…20g
クリームチーズ…70g
A ┌ ワインビネガー…大さじ1/2
　├ レモン汁…大さじ1/2
　├ オリーブ油…大さじ1 1/2
　└ 塩…少々

作り方
① レタス、ルッコラ、クレソンは食べやすい大きさに切ります。
② クリームチーズは1cm角に切ります。
③ Aを合わせます。器に①を盛り、Aをかけて混ぜます。チーズをのせます。

∧ コクのあるクリームチーズと
　 すっきりしたルッコラのサラダ

たまねぎ ＋ ルッコラ のサラダ

材料（2人分）
たまねぎ…1/2個（100g）
ルッコラのベビーリーフ…適量
ごま油…大さじ1
A ┌ にんにく（みじん切り）…1/2片
　├ 酢…大さじ1/2
　├ しょうゆ…小さじ1
　└ 砂糖…少々

作り方
① たまねぎは薄切りにし、水に2〜3分さらして水気をきります。ルッコラは食べやすい大きさにちぎります。
② Aを合わせます。器に①を盛り、Aをかけます。
③ 小鍋にごま油を温め、あつあつを②にかけます。

∧ ルッコラのごま風味がごま油と相性ぴったり

【こうやって食べる】

ほうれんそう のベビーリーフの カリカリベーコンサラダ

シンプルな味つけで
みずみずしいほうれんそうの味を引き出します

材料（2人分）
ほうれんそうのベビーリーフ…適量
ミニトマト…4個
ベーコン…1枚
A [しょうゆ…大さじ1
酢…大さじ1　だし…小さじ1
サラダ油…大さじ1
こしょう…少々]

作り方
① ミニトマトは4つに切ります。ベーコンは1cm幅に切ります。
② フライパンにサラダ油少々（材料外）を熱し、ベーコンを入れ、中火でカリカリになるまでいためます。
③ Aは合わせます。器にトマトとほうれんそうを盛り、②をのせます。Aをかけます。

しゅんぎく の梅干しおすまし

だしいらずのかんたんおすましに
やわらかいしゅんぎくを浮かべて

材料（2人分）
しゅんぎくのベビーリーフ…適量
梅干し…1個
塩こんぶ…10g
湯…150㎖

作り方
① 梅干しは種を除き、2つに分けます。しゅんぎくは葉を摘みます。
② 器に梅干しとしゅんぎく、塩こんぶを入れ、湯を注ぎます。梅干しをくずすようによく混ぜます。

土に種をまいて育てる

【こうやって食べる】

ラディッシュ ＋肉みそディップ

材料（2～3人分）
ラディッシュやスティック野菜…適量
豚ひき肉…100g
A ┌ しょうが（みじん切り）…1かけ（10g）
  └ ごま油…小さじ1
B ┌ 酒…大さじ2
  │ みそ…大さじ3
  └ みりん・砂糖…各大さじ1½
ゆずこしょう（好みで）…少々

作り方
① 鍋にAとひき肉を入れ、ひき肉がぱらぱらになるまで中火でいためます。
② 火を止め、Bを加えてよく混ぜ合わせます。弱火で4～5分混ぜながらいため、水分が少なくなったら、火を止めます。好みでゆずこしょうを加えて混ぜます。野菜につけて食べます。

∧∧∧ 甘からい肉みそ。おつまみとしても活躍しそう

すくすくコラム

ベビーリーフのサラダをおいしく食べるコツ

せっかく育てたベビーリーフ。おいしく食べたい！
ちょっとしたコツで、しゃきしゃきの歯ざわりを楽しめます

コツ1 【水に放してパリッとさせる】
まずよく洗います。冷水や氷水に2～3分放します。パリッとします。

コツ2 【水気をしっかりきる】
ふきんやペーパータオルなどでふんわり包んで振ります。水気が残っていると、ドレッシングが薄くなってしまいます。

すくすくコラム

スプラウト（若葉）で収穫する

小さな容器＋少しの土＋好みの種 をわーっとまいて、土を薄くかぶせるだけ。まずは気軽に始めてみては。

室内に置き、土を乾かさないように水やり ← パラパラと適当に種をまいて土を薄くかける ← 少しの土 ← 穴をあけた小さな容器

土をぐんぐん押し上げて芽を出すようすは感動的。すくすくかわいい芽がのびて、10日くらいであっという間に収穫できます。室内の明るく風通しのよい場所に置きます。

＜＜＜ オイルサーディンの空き缶を使いました

∧∧∧ 輸入食品などのおしゃれな容器を使うと見た目も◎

∧∧ 気軽に、卵のケースでも

種の種類は、使いみちによって種袋で確認しましょう

種の種類	種袋の表示例	使いみち
薬品（農薬）処理された種	●●1回処理済	×水でのスプラウト栽培（育て方1） ◎土でのスプラウト栽培（P44）や、通常の栽培（育て方3）
薬品処理されていない種	スプラウト専用 無消毒種子	◎水でのスプラウト栽培（育て方1） ◎土でのスプラウト栽培（P44）や、通常の栽培（育て方3）

種には発芽率をよくする目的などで、表面に薬品（農薬）処理されているものがあります。種袋に表示があるので、上記の表を参考に、目的に応じて選んでください。薬品処理された種を直接口に入れたり、スプラウトやまびきした芽を洗わずに食べることは避けてください。

スプラウトで収穫する

【こうやって食べる】 ベビーリーフ収穫の途中で抜いた芽も、同様に使えます。
P7・8のレシピも参考にしてください。

スプラウトたらこそば

材料(1人分)
そば(乾燥)…100g
たらこ…30g
レモン汁…小さじ1/2
スプラウト…適量
めんつゆ(ストレートタイプ)…50㎖

作り方
① たらこは皮をとり、レモン汁を合わせます。
② スプラウトは長ければ食べやすい長さに切ります。
③ そばをたっぷりの湯で、表示どおりにゆでます。水でよく洗い、氷水で冷やします。ざるにとって水気をきります。
④ 器にそばを盛り、スプラウトとたらこをのせます。めんつゆをかけます。

かわいいおにぎりに

焼きたらことゆかりをそれぞれ混ぜたごはんを
俵型ににぎります。スプラウトをのせ、
焼きのりで巻きます。

つけ合わせに

ハンバーグやオムレツ、肉や魚のソテーなどに
こんもりとのせて。いろどりにも。

こんなときは？ Q&A

Q 弱い光しか入らない場所では育てられないの？

A この本で紹介した野菜のほとんどは育てられます

ラディッシュが育つには強い光が必要ですが、この本で紹介した葉もの類のベビーリーフは、比較的弱い光でも育ちます。ただし、あまり光が不足すると充分成長できないので、できるだけ光が入る場所を探して容器を移動させ、より多くの光に当てるようにしましょう。

Q 蛍光灯の光では育たないの？

A 必要なのは太陽の光です

太陽の光と蛍光灯の光では、明るさだけでなく光の内容（波長）が違います。室内の光の弱さを補うために、蛍光灯は多少の助けにはなりますが、野菜の成長に必要なのは太陽の光です。できるだけ太陽の光が入る場所で育てましょう。

Q 水やりはどうやってやるのがいいの？

A 全体にしっかりいきわたるように

土全体に水がいきわたり、容器の底にあけた穴から水が出てくるまでたっぷりとやります。霧吹きで静かにやさしくやりましょう。特に発芽までは勢いよく水をやると種が流れたり沈んでしまいます。発芽後は葉にも水をかけると乾燥が防げます。葉がしっかりしたら、じょうろを使ってもOKですが、とてもやわらかい葉を育てるので、葉が倒れたりしないように注意しましょう。

Q 水やりはいつやればいいの？

A 朝8時までがベストです

野菜が成長するためのエネルギーをたくわえるには、光合成がさかんに行われる昼間に、水分や養分が全体にいきわたっていることが大切です。全体にいきわたるには数時間かかるので、早朝のうちに行うのが◎。

こんなときは？ Q&A

Q 発芽率をアップさせるには？

A 種を水にひたしてからまきます

ガーゼやペーパータオルに種を包み、輪ゴムなどで閉じて、半日水につけておきます（包んでおかないと、種を拾うのが大変）。こうして、種にゆっくり水を吸わせてからまくと、発芽率が上がります。保存しておいた種や、冬に種をまく場合には、ぜひこの準備をしてからまくことをおすすめします。

ぬれた種はまきにくいですが、がんばって！

Q 種が残ったらどうしたらいいの？

A 種袋ごと、冷蔵庫で保管します

小さな容器にまく種はほんの少しですが、種袋にはたっぷりの種が入っています。できるだけ1年以内に使いきるよう、時期をずらして次々にまき、いつも新鮮な野菜を収穫しましょう。残った種を保存するときは、種袋の口をしっかり折ってテープなどで止め、食品用の保存袋などに乾燥剤と一緒に入れて冷蔵庫で保存します。発芽率は落ちますが、1年後でも使えます。（参考：「発芽率をアップさせるには？」）

Q まびきは必要ないの？

A この本では、葉もの類はまびきをしないで育てます

通常、まびきは、野菜が成長するときに必要な空間を確保するために行います。この本では、葉もの類は大きく育つ前の、ベビーリーフ（若葉）の段階で収穫することを目的にしているので、まびきはしません。ただし、育てている間に弱々しい芽が見つかれば、気づいたときに抜いたりカットしましょう。また、どんどん育って、容器が混みあってきたなと思ったら、大きく育った葉から収穫しましょう。こうして少しずつ収穫することで、次に育ってくる葉のためのスペースを確保することになり、長く収穫できます。

Q 鉢底に石は敷かないの？

A 容器が小さいので、通気も水はけも◎！　敷かなくてOK

通常、底の深いプランターや鉢で育てる場合は、底に石を敷いて、水はけや通気をよくします。この本で使う容器は、底が浅いので根の呼吸もしやすく、水はけもよいので、敷かなくてOK。また、小さな容器なので、少しでも土の量を増やしたほうが、成長にプラスになります。

こんなときは？ Q&A

Q 土が減ってきたように見えるのはなぜ？

A 根が土をしっかりつかんできたから。土をたしましょう

植物は、成長していくうちに、根がしっかりと土を抱きかかえます。そのため、容器にふんわりと盛った土だと、土が減ったように見えます。ぐらぐらしない程度に土をたしましょう。ただし、茎を埋めようとしてたくさんたす必要はありません。

Q 収穫したあと、土はどうするの？

A 新しい土をたして、また種をまいて使えます

収穫したら、土を容器から出して、古い根をできるだけとり除きます。土の栄養を補うために、新しい土を半分くらい加えれば、同じように使えます。ただし、連続して同じ野菜を育てるのは避けます（連作障害を防ぐため）。

Q 虫を防ぐにはどうしたらいい？

A よく観察して、気づいたときに除きましょう

室内で育てるので、虫の被害は、最小限におさえることができます。毎日、野菜のようすをよく見ましょう。葉が虫に食われていたり、アブラムシがいることに早く気づけば、被害も虫も、小さなうちに除けます。小さな容器で育てるので、管理するのも無理がありません。

Q 留守にするときはどうするの？

A 2〜3日ならだいじょうぶです

留守にする直前に、たっぷり水を与えます。水分の蒸発をおさえるために、容器のふたなどで覆いをします（発芽後の場合は新聞紙、ラップなどでふんわりと）。3日くらいは留守をしてもだいじょうぶ。ふたの内側にも、霧吹きなどで水をふきかけておくと、より湿度が保てます。